JN439058

그 숲에 가고 싶다

이창환 시집

그 숲에 가고 싶다

초판인쇄 2023년 12월 12일
초판발행 2023년 12월 15일

지은이_ 이창환
발행인_ 이현자
발행처_ 도서출판 현자

등　록_ 제 2-1884호 (1994.12.26)
주　소_ (우)04550 서울시 중구 수표로 50-1(을지로3가, 4층)
전　화_ (02) 2278-4239
팩　스_ (02) 2278-4286
E-mail_001hyunja@hanmail.net

값 11,000원

ISBN 978-89-94820-91-0　03810

이창환 시집

그 숲에 가고 싶다

도서출판 현자

| 시인의 말 |

겨울로 가는 빈 들에서

살아오는 동안 알 수 없는 갈증에 늘
허공을 응시하곤 했다.
가슴 설레며 온통 꽃을 피우는 계절에도
오색단풍이 온몸에 쏟아지던 가을날, 세상을
하얗게 덮어 가슴을 자박자박 뽀얗게 채우던
겨울날
빗줄기 드세게 내 몸을 적시던 한여름에도
가슴은 답답했다.
세상 만물 아름다운 절경들, 시어로 풀어내는 시인이
내가 다가갈 수 없는 동경의 대상이었다.
이제 내가 시인이라는 걸맞지 않은 옷을 걸친 듯,

이제 막 걸음마를 배우는 돌잡이지만

장하다. 장한 나를 응원하고 싶다.

어려운 배움이었지만 시 세계로 이끌어 주신 스승님께 감사드리며 한 뼘 남은 삶을 살뜰히 나를 위해 시심으로 다시 일으켜 세우고 싶다.

얼마큼인지 가늠할 수 없는 세상을 주신 하느님께 감사하며 귀히 살아갈 일이다.

시집을 발간할 수 있도록 도움을 주신 분들께 진심으로 감사드립니다.

2023. 11. 21
소요산 기슭에서

1부/ 엄마의 봄

2부/ 그 숲에 가고 싶다

3부/ 몰라강

4부/ 별빛 음악회

1부

엄마의 봄

엄마의 봄

희끗희끗 잔설은 아직도
응달에 졸고 있는데
봄 국에 밥 한술이면
입맛이 돌아오려나
가물가물 멀어져 가는
다디달았던 그 맛을
찾으려는 듯
숟가락 쥔 마른 손이
힘없이 밥상을 밀어내는
엄마
당신이 짜주신 털스웨터
가슴 여미고
봄 찾아 호미질
냉이를 캔다.

이제는

울음이 파도를 치고
아픔과 가난만이 전부였을 때
미움·증오·원망·후회들로
얽히고 맺히어 기도조차
할 수 없었던 시간
굽이마다 옹이 진 흉터
가릴 곳 없이 벗겨진
자존심
기쁜 날도 있었나!
이제는 내 영혼에 흐르는
맑은 물소리 듣고 싶다

저무는 나는

나는 술래

무궁화꽃이 피었습니다
들리지 않는 소리로
보이지 않는 색깔로
가을은 조금씩 다가왔습니다.

무궁화꽃이 피었습니다
밤새워 지켜보지만 잡을 수도
볼 수도 없는 너는 도독 고양이
마음 뒤켠 오솔길 만들어 놓고
또 몰래 까치발로 뛰어왔나 봅니다
너를 붙잡을 수 없는 나는
영원한 술래

무궁화꽃이 피고 지니
빛바랜 옷 한 벌 정갈하게
갈아입은 가을이 내 손을 잡네

저만치
눈 오는 겨울도 기다리는데

여든한 번 나의 봄

달래 냉이 꽃다지
서둘러 내게로 봄 편지
띄웠나 보다
연분홍 진달래는
열두 폭 병풍이 모자라
온 천지에 지천이고
신천변 따라 늘어진 개나리는
한들한들 샛노랗게 춤을 춘다
물오리 떼 덩달아
봄을 물어 올리고
올려다본 하늘은 여든한 번째
나의 봄

팔십 고개

털썩 주저앉고 싶은 고단함에
눕는 날이 많아지더니
깜빡깜빡 조는 때도
늘어만 가네

울 엄마 살던 세월
꼭 닮은 팔십 고개
나에게도 다가오는
온 삭신이 쑤신다는
그 말

신앙의 힘

남들이 일상처럼 누리는
여행과 놀이는
먼 나라 이야기인 한 여자

가슴에 맺힐 수도 있었겠지만
불쌍하지도 안쓰럽지도 않은
그녀를 바라보는 이 맘은
무엇일까?

깊고 그윽한 향기마저 온화한
믿음의 몸가짐
절망 앞에서
평안할 수 있는 마음

진정한 하나님의 딸이 아니고는
이룰 수 없는 결실

오로지 간절한 기도는 하룻밤
꿈을 꾼 듯 그 아픔 걷어 가시기를
아버지 아버지여—

부부 이야기

햇살 품어 살찌운 동그란 얼굴
갈바람 살랑이는 부부가 사는 집
풋사과 시절 떫고 신맛 다 삭히고

오늘
바라보는 서로가 있기에 나지막이
콧노래도 흥얼거리며 잘 익은 능금처럼
달콤하고 새콤하기도 하면서
무뚝뚝한 속정 묻어난 눈가에
숙성되어 더 깊은 남정네
사랑 이야기

텃밭에 온갖 채소 심어놓고
두 식구 넘친다며 아침저녁 퍼 나르던
따뜻한 마음
그는 지금 바이러스 이름표 붙이고
과수원 낙과처럼 세상 밖에
버려져 있다

인연

서로를 마주 보며
노을 앞에 남자와 여자가 서 있다
사랑이란 단어는 사치스러워
잊고 산 지 오래다
멀기만 한 여정
노후를 자식들에게 의지하는 것이
무엇보다 싫어서 맞선 보았다

칠순을 넘어 측은지심으로
살다 보니 삐걱거리다가
천둥과 번개도 치고
따뜻한 봄날도 지나간다

조건으로 만난
부부라는 이름은
뜨거운 열정만 없을 뿐
울타리는 매한가지

넋두리

밭매기 반백 년 부엌데기 반백 년
서러운 눈물 주름 되어 자국 자국 고였구나
얼룩진 무명 적삼 한숨만 찌들었네
청솔가지 아궁이 불 지피고
황토 뽀얀 부뚜막 그을음 걱정하며
매운 눈물 훔치던
우리 엄마들
속절없는 세월 텅 빈 가슴팍
못 이룬 꿈 미련으로 남아
참으로 덧없구나

꿈

바람 불어 스산한 가을밤
풀벌레 울음소리는
내 눈물도 반이었지요
마음 빈자리
눈물 자국 그대로인데
희뿌연 새벽이
또 다른 꿈으로 나를 일으켜
하루를 기도로 열게 하지요

아버지와 장마

추적추적 장맛비
아버지 마른 가슴 적시고
들릴 듯 간지러운
농가 웃음소리

막걸릿잔 기울인
안타까운 기다림은
하늘에 소원하는
간절한 기도

비와 당신은 기쁨이고
땀방울로 지은 따뜻한
밥상입니다

수건을 삶아 널며

늦은 밤 끝머리에
내일은 맑음이란 일기예보에
수건 삶아 가을볕에 말리자 마음먹고
잠자리에 들었다
아침에 눈 뜨니 예보대로 하늘은 청명하고
바람은 가을답게 서늘하다
수납장 수건을 모두 꺼내어 세제 풀고
락스도 넣어 들통에 삶기를 두 번
세탁기에 한 시간 돌려 백옥같이 뽀얘진 수건
함지박 한가득 담아 들고 마당으로 나오니
해는 중천이고 논에는 긴 장마를 이겨낸
고개 숙인 벼 이삭이 하늘이고 일렁인다
따가운 햇볕에 수건을 널며
이만한 행복이 또 있을라구-

엄마 산소에서

뜨겁게 울어도
딸의 불효는 용서받지 못하고
가슴만 먹먹히 미여 오는데
뭉게구름 저편에 초점 잃은 엄마 모습이
어리석은 내 딸아 나 떠난 뒤에 그렇게
가슴 칠 줄 몰랐느냐 왜, 몰랐느냐?
엄마는 온종일 혼자인 게 싫었단다
외롭고 서러웠단다
귓가에 맴도는 엄마의 힘없는 목소리가
채찍처럼 따갑게 감기어 온다.
엄마는 가고 없는데도
효도의 길은 어디에도 없는데
무덤가에 떨어지는 속죄의 눈물
말없이 닦아주시며
내 딸아 이제 엄마는 심심하지도 외롭지도 안 탄다
너희 아부지 옆에 와 있으니 말이다
동생들 잘 보살피고 건강히 살다 오너라

소풍 가는 그날처럼

오늘 밤만 자고 나면 아들이 온단다
손주들이 온단다
못 만난 세월 동안 모아둔 사랑이
채우고 채워 온 집안에 넘쳐나 즐거운 미소
겨울 가뭄 걱정되어도
내일만은 비도 눈도 오지 않고
오는 길 편안하게 맑은 날 주시기를
두 손 모으는 어미의 무리수

소풍 가는 그날처럼 설레는 기다림
잠이 올 것 같지 않아 뒤척이다
생각하는 새끼들 먹거리
불고기 잡채 홍어 과메기 떡국 다 준비했는데
아, 회도 한 접시 떠 와야지
몸은 여기저기 쑤셔도 마음은 깃털처럼
벌써 사립문 밖에서 서성이고
아득한 날에 개구쟁이 막내가
한눈 찡긋
엄마!

부르는 소리에 돌아온 새벽
나는 빙긋이 입꼬리 올리며
잠을 부른다

손녀와 함께

열 살이어서 할머니가 좋은
나의 손녀
할머니와 함께 자고 싶어서
엄마 떠나 할머니 차에 타고
마냥 즐거운 동심
과수원 길을 함께 부르며
곡조가 틀렸다고 까르르
노래가 재미있어 까르르
소프라노와 엘토가 들숨 날숨
이중창
나는 어느새 열 살로 돌아가
하민이와 함께 동요를 부르고 있다

용서

당신을 볼 수 없는 세월 내내
슬프고 추운 겨울이었습니다
여기가 인연의 끝인가!
무섭기도 했지요. 약속한 마음에
기도는 눈물이 되고, 그리움은
눈덩이처럼 커져만 갔습니다
용기 내 살며시 내 마음 열어놓고
그 마음 가만가만 두드렸더니
노여움 간데없고 잔잔한 미소로
사랑이 다가왔어요
봄눈이 녹듯이

우울증

삼십칠 년 한 우물 길어 올린
아들이 아프다는 심장 내려앉는 소식
숨을 쉬어도 물을 마셔도
돌덩이 가로놓인 마음길

밤마다 뒤숭숭한 꿈자리가
내내 걱정스러워
아범은? 내 강아지들은?
“걱정 마세요. 어머니”
며늘아기 효심 깊은 거짓말에
한숨 돌리는 바보천치

어미가 악몽을 꾸는 밤마다
퇴직을 앞둔 아들은
울타리 밖 세상이 두려워
우울과 친해지고 있었나 보다

선홍빛 눈물이 숨죽여 흐느낀다

아들 바보

육십을 바라보며 처자식도 없이
홀로 남겨질 아들이 못내 안타까워
한 뼘 남은 생명줄 움켜쥐고
살이 썩는 욕창도 견디시면서
미라 같은 얼굴에 아들 사랑 그득 담고
주름진 자국마다 눈물 고여
들킬세라 돌아눕는 애끓는 모정
걱정일랑 마시라고 그리 일러도
딸들의 간곡함은 뒷전이셨지
나 죽으면 너 혼자 어찌 살을래
지금도 늦지 않으니 장가가거라
엄마 저승 가면 나도 따라가서
엄마하고 놀지
아들의 말대꾸에 한숨 섞인 미소가
눈가에 번지는 아들 바보
울 엄마-

시앗

거울 앞에 앉아 일본 고모가 선물한
코티분 바르던 엄마. 보물인 양
두 손 감싸 안고 살포시 웃음 짓던
고운 얼굴, 아들 낳지 못한 죄로
한마디 원망 없이 가슴에 묻고
숯덩이 하나씩 꺼내어
허공에 던질 때마다
그믐밤이 시리고 아프단다
시앗본 여자의 일생은 속 빈 강정
기쁨, 행복 눈물 다 말라버려
한 줌도 안 되는 여인
엄마이기 때문에 해와 달
그리고 우주였다

*시앗: 남편의 첩

2부

그 숲에 가고 싶다

우정

믿음과 사랑으로 키워온
우리 우정은
오래오래 곰삭은 묵은지처럼
내면 깊숙이 향기로 남아
저마다 다른 세상으로 가는 순간까지
믿음으로 토닥이며
사랑으로 젊음을 거슬러
펄떡이는 연어들처럼
아직도 타오르는 노을빛

어떤 만남

잔잔히 피어올라
마주 잡은 손
석양빛 물든 볼에
입맞춤하고
소중하게 감싸 안은
두 마음
아낌없이 타는 불꽃
노을이 아름답다

잿빛 그리움

당신 생각에 그리움 한입
베어 물었더니
먹물 주르륵 가슴에
쏟아집니다
잿빛 도화지에
용서의 글
올려 보지만
당신은 백조 되어
훠이훠이
창공에서 자유롭네요

외갓집

외갓집 오월 산엔
배고픈 추억이 서 있다
새콤달콤한 찔레순
떨떠름한 솔가리 향
입안 가득 봄을 먹던
아~
그 숲에 가고 싶다

행복이 익어가는 움막

우리 집은 작은 움막
지붕엔 빨간 기와가 덮여있고
할배는 이층 할매는 아래층
돌아앉을 자리조차 넉넉지 않아서
작은 움막집이라 문패를 달았다

타오르던 태양 서서히 꺼져가고
석양빛 물든 노을
산 그늘로 젖어 들 때
늦은 잠 청하는 움막집 침실에
초승달 창문에 기대어 졸고,
개구리도 울다 지쳐 잠든 밤

조용히 별빛이 내리면
새벽이슬 눈가에 젖는다

옥수수와 뚱보

앞집 옆집 옥수수 인심이
풍년이다
밭에서 딴 옥수수는 금방
삶아내야 꿀맛
향에 취해 뜨거운 줄 모르고
솥에 코를 박고
깊은숨으로 맛을 먹는다
그렇게 몇 날을 옥수수로 살았더니
글쎄 내 배가
풍선만큼 불러 버렸다

걱정은 태산인데
칠월이 얄밉다

철벽지기 아내

벽이다
귀도 말문도 막혀 버려
어찌해 볼 도리가 없다
흙벽이면 몰라도
시멘트벽이 버티고 있다
끓어오르는 화통
냉수 사발로는 식힐 수 없다
그래도 미워할 수 없는
당신

호박잎 서리

들깨 향 그윽하고 고추 주렁주렁
여름 영글어 가는 길목 호박 덩굴
흐드러진 새벽길 걷다가
힘이 꼴깍 목젖에 걸쳐
가던 길 멈추고
호박잎을 훔쳤다.
열 잎만 따야지. 아니 열다섯
잎을 따면 호박이 열리지 않는다는 말
누구에겐가 들은 적 있다

콩닥거리는 마음 숨기고
유유히 호박잎 한 줌

우리 동네 풍경 1

우리 집 앞산 뒷산에
산벚나무 흐드러지고
산그늘엔 연분홍 수줍음이
두 볼에 물들어 온 산이 환하다
나뭇잎 파릇이 봄 돋으니
참새들도 봄맞이에 신바람 나는구나!
텃밭이 좋아 이사 온 세 자매 아낙들
새벽부터 봄을 심고 행복해하는
웃음에서 여름이 보인다

논두렁 밭두둑엔 냉이꽃 잔잔하고
복사꽃도 덩달아 요염하게 웃는다

우리 동네 풍경 2

빈 밭이 쓸쓸할까 봐
참새까지 아침저녁 이삭을 쪼고
앙상히 남은 들깨 다발 수북이 쌓인
겨울 텃밭
까치밥이 매달린 감나무 가지 끝에
소복소복 쌓이는 딩동댕 마을 소식
땅속 항아리엔 동치미
찡-익어가고

팥 시루떡 받쳐 들고 엉덩이 씰룩이며
정 나누러 동네 한 바퀴

친구야

넌 나를 얼마큼 아니
다 안다고 생각하니?
끝자락에 서 있는 내 삶이
동이로 쏟은 눈물과 원망으로
채워질까 봐 겁이 났어.
나도 나를 모르는데
어떻게 너를 다 알아
약속하자, 어떤 상황이 와도
서로 믿음으로 손가락 걸고
팥으로 메주 쑨다 해도

그래 네 말이 맞아
하고 말이야

아내의 빈자리

일 년 전 홀아비 된
앞집 아재* 정원엔
한자리만 비었을 뿐
머루알 송이송이 다시 열리고
참나리 맨드라미 여름 수국
그날처럼 웃고 있는데
물기 어린 아재의 눈동자는
그 자리만 멍하니
하염없는 그리움

*아재: 아저씨

유월의 열쇠

휴전선 그어진 날
자유는 닫혀 버렸다
논밭엔 꿈이 커가고
짙푸른 나무들 비바람
곁에 두고
해님 따라 곱게 핀 꽃
저마다 제일인데
허기진 내 형제
황새목 되어간다
칠십 년 녹슨 열쇠
숨결마다 간절함이며
묻힌 희생
헛되지 않으리

구월의 사립문

가을에 손을 담근다
통통하고 예쁜 손
쭈그렁 손 어디로 갔지
젊어지는 샘물인가
신발도 벗을까
가재 고동이 살던 심심산골에
돌 틈 기웃대던 어린 날 추억
보릿짚 태운 아궁이에 자글자글
빨갛게 짭조롬히
외숙모 가재 조림은 천하일품이었지
푸른 새벽 소요산 약수에
발 담그고 남쪽 하늘 외갓집
구월의 사립문 살며시 밀어 본다

에스컬레이터

문명이 만들어낸 에스컬레이터
백화점이나 대형할인점에 가면
젤 먼저 눈에 들어오는
편리한 만큼 위험도 따르지
타고 내리는 사람들 모습에서
희로애락을 만날 수 있어 흥미롭기도 하다
무더운 여름날 더위를 피해
백화점으로 향하는 수다들
발길이 분주하다
영화도 한 편 아이 쇼핑도 즐겁다
그들은 에스컬레이터의
고마움을 알까?

나 어릴 적에

여름날 검정 고무신에
송사리 몇 마리 담아 듣고
새색시 걸음으로
형아들 뒤꽁무니 졸졸 따르면
긴긴 여름 해가 서산인 줄도 모르고
밥 짓는 저녁연기 굴뚝에 피어오르면
그때야 엄마 생각
형아 배고파

안주

겨울로 가는 소요산 길목
허름한 선술집
닭발 돼지껍데기 차림표 붙어 있고
주머니 속 헐렁한 나그네 친구 되어
소주잔 기울이는 장단에 맞춰
쫄깃하고 구수한 안주로 올라와
만 가지 아픔을 풍요로 채워주는 너-
길손들의 따뜻한 친구로
언제나 그 자리에서
낭만을 기다려 주게나

추석

밤송이 가시 옷 속에서 뽀얗게
발가벗은 대추 알 점박이로 익어가고
시골집 가마솥 토란국 끓은 소리
예쁜 딸 낳고 싶어
정성으로 빚은 솔잎 송편 쫄깃한 소리
노릇한 지침 소리 고소도 해라
휘영청 달 보며 빙 둘러 잡은 손
강강술래 강강술래 강강수월래
엄마 등에 얽힌 고사리손도
앙증맞게 마주 꼭 쥔다

우리는

흙이 좋아 흙길을 걷고,
들꽃이 좋아 풀밭에 누워봅니다
부지런한 개미들 내 등을 간질이고
하늘은 눈부셔 눈을 감습니다
이 작은 행복이 전혀 작지 않음은
머리 희끗희끗한 그대들이 내 옆에
있기 때문입니다
주책없는 수다로 깔깔깔 배꼽을 쥐고
눈물 나도록 웃을 수 있기 때문입니다
이별의 순간이 언제일지 모르지만
함박으로 실눈 되고 목젖이 다 보이던
그 천진한 모습들만 기억하자고
새끼손가락 걸었습니다
우리는

3부

몰라강

나눔의 맛

아욱 된장국 깊은 맛
한 뚝배기 담고
짠물 우려낸 단풍 깻잎
된장 들기름 듬뿍 버무려
압력솥에 푹 쪄낸
부드러운 가을 한 접시 담아
정겨운 발걸음
앞집을 향한다
똑 똑똑
형님~

고맙다는 말

우리 서로 알면서
하지 않는 말

굳이 입 밖으로
뱉어야 하느냐는

똑같은 두 마음

모내는 날

기계 소리 요란하게 볏모가 논이랑에 심어졌다
파란 하늘과 푸르름이 짙어가는 뒷산 숲에서
아까시나무 향이 달큼하고 송홧가루 노오랗게
논 가에 내려앉는 모내기 하는 오월

"여보 빨리빨리 다들 왔어."
"커피는 갖다 놓았어요. 커피 타는 동안 금방 돼요."
천둥 번개 같은 남편의 급한 성격이
우리 동네 모심는 날 여지없이 폭발
"에이 - 커피 다 먹겠다."
계란후라이 호두과자 수북이 담아
마당으로 내가니
그제야 찡그렸던 얼굴에 웃음이 핀다

일 년 양식 잘 키워주시라고 두 손 모은다

금줄

찐 분홍
나팔꽃 봉우리
이슬 털고 활짝 피어났다

질푸른 벼포기들 꽃술 품어
반갑고
참깨밭 주머니마다
볼록볼록 깨알이 여문다

탐스럽게 익어가는 고추밭
정성스레 말렸다가

우리 손주 첫울음 우는 날
새끼줄에 매어 숯과 함께
금줄로 써야겠다

초복

장마 물러간 자리
활짝 한여름 문이 열렸다
타버릴 것 같은
태양의 담금질도 이 여름
견뎌야 하는 질서의 순리
땀방울 수없이 마른자리에
반짝이는 승리
여름이 탄다

꼬마 개구리

동부 알만 한 앙증맞은
개구리 한 마리
폴짝폴짝 창문에 붙어
내방을 기웃댄다

꼬마야?
네 엄마는 논에 있지
여긴
우리 집이란다

별 밤

땅거미 내려앉은
초가 들마루
옥수수 삶은 감자 소쿠리
한가득 삼대가 한자리
둘러앉았네

모깃불
마당 가득 피어오르고
손주 손녀 모기 물릴세라
밤늦도록 할머니 부채질에

맑은 산천
반딧불이 푸른 날갯짓하는
별 밤 이야기

정월 대보름

윷놀이한다
웃음이 자지러진다
함께 가던 네 동 말이 잡혔다
배꼽이 들락날락
눈물이 찔끔찔끔
천 원짜리 오가는 행복
온 가족 모여 한바탕 놀고 간 자리
한 광주리 수북이 쌓인 웃음
할배 얼굴 마주 보며
잘살았다 한세상

고드름

공주군 유구면 초가집
처마 끝에 매달린
쿰쿰한 볏짚 냄새나는 고드름
까치발로 겨우 따서
시린 손 호호대며 과자 대신 사탕 대신
맛나게 녹여 먹던 어린 시절
수정 같은 고드름 과자를
추억 보따리에 고이 싸매 놓았습니다

이렇게 가끔 꺼내어
그 맛에
젖어보려고요

바램

섬진강 강가에
벚꽃 환하게 밤을 밝히면
재첩들 키 크는 소리
달빛으로 피어나고

재첩은 물 밖 세상
엿보는 재미에
얼굴을 내밀고
바뀐 세상은 어떤 모습일까
궁금해하는

내내 봄날이었음

세월

계단 앞에 서면 덜컥 겁이 난다
잡아 올린 대어처럼 팔딱이던 그 힘
다 어디 가고 맥없이 사그라졌다.
피난 시절 물지게 거뜬 지고 오른 언덕길
물항아리 가득 채워야 하루 일이 끝나던
초가 단칸집
물항아리가 귀했던 열댓 살 그 시절
아, 상상이나 했을까
지금 내 모습
오르막 어려움은 뒷전이고
내리막 아픔이 나를 머뭇거리게 한다

효심 깊은 아들 넌지시 손잡아 주며
엄마 제 등에 업히세요.

커피와 여름

꼬꼬댁 꼬꼬
건넛집 암탉이 알을 낳았단다
옥수수 쑥쑥 내 키를 넘고
별빛 반짝이는 개구리 합창 요란도 하다
이슬 털며 먹이 찾는 새들의 낙원
뻐꾹 울음 밤꽃 향기 어우러지면
초록 바람 갈피마다 황혼에 물들고
밭 한 뙈기 없어도 그들과 한세월
수다 꽃피우는 샘터
작은 행복은 투박한 아낙의 손끝에서
씨 간장처럼 익어간다
무더위 베적삼에 흠뻑 젖을 때
얼음 동동 냉커피 한잔에
여름이 시원하고 수고 없이 누리는
전원이 아름답다

사랑은요

사랑은요 무조건이래요
이유가 있어서는 안 된데요
왜냐고 물어서도 안 된데요
그냥 주고
아픈 만큼 열매 맺는 믿음만이
사랑이래요
미움이 이쁨으로 물들고
노여움 용서로 변하는
그런 게 사랑이래요

코로나 19와 친구 이야기

까톡까톡 친구들의 카톡 편지가
나를 즐겁게 한다.
한 친구의 말
처음 며칠은 지루하고 답답해서 죽을 맛이었는데
생각해 보니 그동안 거리 귀신이 들린 듯
집 밖으로 싸돌아다니느라
책 한 권 가까이하지 못한 바람난 자신이 보이더란다
도서관까지 문을 닫아버려
딸네로 인터넷으로 책방으로 돌아 돌아 한 아름
안고 들어온 책들이 얼마나 고마운지
학창 시절로 돌아가 보자고 단단히 채비를 하고
창살 없는 감옥살이 시작
동안거. 하안거는 들어봤지만
봄 안거는 못 들었는데
봄 안거 그 맛이 어떨지
궁금해지더란다

사랑이라네

명주고름 살며시 풀고
이 마음 가져가려 하시는 이 누구신가요
홍조로 다가와 석양길 함께 가자
하시는 이 누구신가요
살아낸 세월이 서럽고 서러워
누에 속에 꼭꼭 숨었었는데
분홍빛 설렘이 사랑으로 젖어 들 때
빛바랜 황혼길이 꽃 되어 피어납니다
하루를 일 년처럼 일 년을 하루처럼
애틋하게 살뜰하게
나는 당신 되고 당신은 내가 되어
그 안에서 울고 웃다가
조금씩 내려놓으며
철들어가는 서로를 바라보고
주름진 얼굴에 웃음 한가득 피어나면
눈가에 흐른 눈물 서로 닦아주며
등 토닥여주는 손길 있어
긴긴 겨울밤도 아쉬운 새벽입니다

몰라강

나는 모른다. 모르면 어때
내가 지어서 부르면 되지!
산책길 살짝 비켜
아름드리나무 뒤로
내가 지어준 이름 몰라강
갈대숲 아랫동네
푸짐하게 차려놓은 물고기 밥상
오리 떼 스르르 먹이를 찾네
뉴저지
그리움 저무는
몰라강 금빛 물결

스위스

빙하의 역사가 호수로 흐르고
눈꽃이 쌓여 다시 빙하호
억년의 신비를 나는 보았네

눈보라 휘몰아치는 융프라우
얼음동굴 조심조심 천년을 걸었고

눈 속에 핀 이름 모를 하얀 꽃잎은
아장아장 걸음마 아기 발가락

케이블카 너머로 초록이 깔린
예쁜 집 꽃밭엔
튤립이 우아하다

뭉게구름 하얗게 피어오르는
노오란 민들레 언덕엔
소 떼들 평화로운 축복의 땅
스위스

허드슨강 강가에서

뉴욕 맨해튼 높고 낮은 빌딩 숲이
노을에 젖어 하루를 쉬려 하고
잔잔히 흐르는 허드슨강 은물결 위로
석양이 내려앉는다
빛나던 태양 서산에 지고 나면
타임스퀘어 거리에는 현란한 불빛들이
다시 이 도시를 깨우고
젊은 영혼들은 오늘을 노래하고
또 그 내일을 준비하며
저마다의 몸짓으로 눈빛으로
희망을 꿈꾸겠지
그래서 역사는 이루어지고
저 강물과 함께 흘러가고

4부

별빛 음악회

봄 마중

봄 마중 간다고
내 마음 대문 열고 나가더니
날 저물어도 돌아올 기척 없네
산 넘어 어느 양지 녘에서
봄을 만나기나 한 건지
달래 냉이 캐느라
해지는 줄도 모르나 봐

보글보글 끓고 있는 뚝배기
된장찌개가 코끝에 모락모락
봄 향기로 피어난다

봄 캐러

밤잠 설치고
늦잠 깨어 창문을 여니
봄날인가 바람이 부드럽다
절기 초는 아직 겨울인데
서둘러 채비를 하고
봄이 오시려나 보다
점심 한술 뜨고
호미와 바구니 손에 들고
벙거지 눌러쓰고
집 앞 논두렁 밭두렁으로
봄 캐러 냉이 캐러
나가 본다

봄날은 간다

싱그런 새벽바람
호미 잡은 손등에 입 맞추고
새끼 참새 연둣빛
노래 부를 때
마음 밭이랑에
기쁨 심고 아픔 심고
희망도 심지만
세월이 약이라 했던가

봄볕이 눈물겹다

봄비 오는 날

봄바람 가지마다
속살거리고
아지랑이 하늘대며
온 누리에 꽃씨가
뿌려집니다
두 손에 고이 받아
봄 밭에 심었습니다
봄꽃
흐드러질 때
쌉쌀한 에스프레소 한잔에
봄비 내리고
나도 젖는다

제비꽃

담장 밑
옹기종기 모여 앉은 제비꽃
온종일 짖어대는
삽살개 두 마리 자장가 삼아
예쁘게도 피었네
이슬 깃든 꽃잎 해님분 바르고
팔랑팔랑 벌, 나비 기다리는 봄 길
아픈 무릎 쪼그려 앉아
눈높이를 맞춘다

별빛 음악회

노을 지고 어둠이 내리면
모내기 끝낸 논에선 지금부터 시작이다
어느 녀석이 선창하면 뒤질세라
터지는 개구리울음 온 동네가 떠나가네
물 젖어 촉촉한 몸, 기분 좋아 개굴개굴
내가 힘센 돌이다, 짝꿍 찾는 세레나데
달빛 젖은 은빛 물결
밤 가는 줄 모르는 풀벌레 개구리들
별빛 음악회
뻐꾹 뻐꾹 뻐꾸기 장단에
무럭무럭 생명이 키를 키운다

한적한 여름

가재 고동은
돌 틈에 숨어
낮잠이 달콤하고
송사리 떼 소꿉장난
맑은 산골 물

발을 담근다
옥빛 하늘 내려와 대숲에 숨고
푸른 잎 띄운 자리
물방개 빙그르르

늦여름

동트는 산책길
소녀의 기도가 흐르는
핸드폰 건반 위에
포르르 참새 떼 내려앉고
익어가는 벼포기마다
땀방울로 얼룩진
농부의 함박웃음

장마 끝난 꽃술엔
가을이 눈썹달만큼
고개 내민다

이별

가을이 떨어져
길 위에 눕는다

떨어진 가을을 주워들고
긴 한숨으로 내 안에 물드는 석양

된서리 고운 잎은
갈피갈피 추억이 물들고

저만치 가을 가는 소리
겨울 오는 소리에
빨라지는 숨결

바닷바람

어촌 작은 포구
달님, 별님, 해님, 파도 소리
짭조름히 내려앉아
맛있게 숙성시키지
갯바람 자장가 들으며
삼복 지나 용수 박으면
잘 삭아진 젓국 말갛게 올라와
얼굴 비추네
아파트 식탁 차려진 밥상엔
별빛 반짝이는 자연 조미료

예쁜 날

비 갠 파란 하늘 목화송이
두둥실 뽀얀 우리 손녀
똑 닮았네
구름 솜 둘둘 말아
지게에 지고 와 고운 이불 만들어
손녀딸 시집보낼 때 선물해야지
그 이불 덮으며 무럭무럭
사랑 키워 아들딸 아주 많이
낳아 달라고 해야지

낙엽 편지

산책길에 주워든 단풍잎 하나
벌레 먹어 구멍 숭숭
자세히 들여다보니 너였구나
말없이 흐느끼는 못다 한
너의 내일보다
혼자 남은 남편의 안녕이 걱정스러워
앞집 언니 오가는 길목에
마른 숨 고르며 기다렸구나
남편 걱정 내려놓고
잊지 않고 기도하며 지켜줄게

위로

얼음꽃 핀 가로등 아래
그리움 하나 떨고 있다
봄·여름·가을·겨울
하얀 이 자리
얼마나 추었니
얼마나 서러웠니
언 발 녹여줄
따뜻한 가슴 하나
네 손에 꼭 쥐여 줄게

어느 여름

여행을 떠나기 며칠 전부터
내 마음은
동해 어느 바닷가에 서성인다
이름도 예쁜 '파도 향기' 펜션에 짐을 풀고
커피 향이 흐르는 방안에 몸을 누이고
잠시 피로를 풀어본다
스르르 감기는 눈가로
후포리 바다가 넘실거리고
꼴꼴하고 달큰한 오징어 냄새가
코끝에 감기는 아늑한
치유의 시간

텃밭에 들깨가

텃밭에 심은 들깨가
잔잔하게 꽃을 피웠나 싶더니
어느새 잎새엔 연두색 물들고
꽃자리엔 볼록볼록 깨알이 여무네!
깨 송아리 살짝 비벼 코끝에 대면
네 향기는 싱그러워
침침하던 내 눈이 밝아지고
머릿속 개운해지는 만추를 한 아름 안고
들깨밭에 묻혀 있다
아! 가을이구나
단풍 든 깻잎을 차곡차곡 채워서
된장 속에서 맛있게 익으면
부지런한 사람들만 먹을 수 있는
밑반찬이란다
울 엄마 어느새 텃밭에 오시어
앞치마 한가득 깻잎을 따신다

마곡사의 가을

오색 가을볕 아래
넉넉함이 여물어간다
소매 끝
스치는 바람 한 점
세상 시름 씻는 물소리
산사를 돌고 돌아
내딛는 발아래
도토리 몇 알
반가움에 허리 굽혀
손을 뻗는다

그때는

곱게 내려앉은 가을 융단에 누워
편안히 숨 고르는 먼 나라 소년
고운 낙엽 등에 지고 흐르는 흙냄새는
식지 않는 따뜻한 고향 집 구들장
문지방 너머 댓돌 위에 소복이
눈 쌓이고 흙 바람벽 아랫목
묵은 때 반질반질한 무명 이불속엔 발가락
모여 꼼지락꼼지락 까르르 웃음 피어나고
싸리 바지게 세워 참새 잡던
빨간 손 호호 불었지

겨울나무

겨울나무가 발가벗음은
꿈을 잃은 게 아니랍니다
눈 내리면 눈꽃 맞으며
하늘 소식 물어보고
찬바람 불어오면 그 바람
쓸어안고 먼 나라 이야기꾼
그 옆에 앉혀놓고 눈물로
기쁨으로 사연들 넘쳐나면
나는 어느새 봄이 오는 꿈을
꾸고 있답니다

가을 속 한 남자

반백의 머릿결을 쓸어 올리며
한 남자가 가을이 물드는
들녘을 바라보고 서 있다
남자는 세월 어디쯤 서 있을까

풋 호두 물속에 닦고
머루 다래 개암을 딴다며
산속으로 내닫던 까까머리 소년들
웃음소리 하늘에 퍼지고
사립문 밖 두엄더미 옆에선 눈물
쏙 빠지는 모깃불이 피어오르고
소 몰고 돌아오는 해 넘는 풍경 속에
들꽃 한 아름 안겨 주던
수줍던 첫사랑을 생각할까
그날의 고향 집 가을은

가을걷이

가을이 나더러 진종일 밖에서 살라 한다 단풍 깻잎 늦기 전에 따서 차곡차곡 재워 소금에 절이고 동치미 담글 풋고추 삭히고 고춧잎 말렸다가 무말랭이 무침 하면 봄 반찬 일품이지 빈 밭엔 드문드문 냉이도 내 발을 잡네

볏짚 한 묶음 다듬어다 풋고추 깻잎 짠지 덮고 돌멩이 꼭꼭 눌러두면 골마지 없는 알뜰한 살림살이 된서리 오기 전에 호박잎도 따야 하는데 항아리마다 가을 담그니 허리 펼 새 없구나

평설

시인의 그리움과 유년의 노정露呈

- 이창환 시집 『그 숲에 가고 싶다』를 읽고 -

김경수
(시인, 문학평론가)

시인의 그리움과 유년의 노정露呈

- 이창환 시집 『그 숲에 가고 싶다』를 읽고 -

김경수 (시인, 문학평론가)

■ 들어가며

인간과 고향의 관계만큼이나 문학과 고향도 친밀하게 연계되어 있다. 여기에는 어릴 적 동심과 함께한 자연도 긴밀하게 연계되어 있다.

특히 자연은 "미학적 의미에서 문학의 원전原典"(백철 『문학개론』신구문화사,1961)과 같다는 말을 상기해 본다. 동서고금東西古今을 통해 보더라도 자연이나 고향을 노래한 시가 많다. 그것은 자연이나 고향에 대한 회상을 통해 마음을 다스리며 자기감정을 해소하고, 한 발짝 더 나아가 영혼까지도 위로받는 승화의 기능까지도 담고 있다고 할 수 있겠다.

대자연 속에 향토의 풍경과 향수와 향심鄕心을 노래한

김소월의 시의 세계에서도 읽을 수 있듯이 많은 문학작품에서 시의 주제로 자리를 잡고 있다.

첫 시집 『그 숲에 가고 싶다』를 출간하는 이창환 시인은 어릴 적 고향에 대한 그리움과 자연에 대한 사랑으로 동심적 시절의 기억을 회상하는 작품들로 특별한 시적 상상력이나 레토릭 없이 유년의 일들을 이야기하듯이 매끄럽게 잘 소화해내고 있다. 과거를 직관적 눈으로 바라보는 그의 70여 편의 시 속에는 고향에 대한 회상공간으로 그리움의 정서와 자연에 대한 희구의식으로 꽉 채워진 것은, 고향이란 출생의 시간과 공간의 구심점이 그의 성장과 출세라는 원심력으로 작용하고 있기 때문이 아닐까 생각해 본다.

이창환의 시집에는 고향이라는 문학 장르의 영원한 소재를 다룬 작품군들이 대다수다. 인간에게는 본능적으로 고향에 대한 그리움과 유년에 대한 노정의 시간이 흐르면 흐를수록 더욱 선명하게 각인되어 있기 때문이다. 또한 문학적 작품이나 일반적 통념에서도 어릴 적 고향에 대한 추억과 이야기는 시간과 공간을 초월한 화두가 되어 있기 때문이기도 하다. 그만큼 고향은 누구에게나 있어 삶의 원천이며 현대를 사는 데 있어서 본질이라고 할 수 있다.

따라서 이창환의 작품 중에서도 향수鄕愁와 동경憧憬을 그려낸 작품을 중심으로 감상을 해 보고자 한다.

■ 나와 가족

공자는 예禮의 뜻을 바름直이라는 의미로 표현했다고 한다. 풀어서 이야기하면 '올바른 것은 안으로 자기를 속이지 않고 밖으로는 남을 속이지 않는 것이다'라고 했다. 즉 자기의 심정을 꾸미지 않고 본성대로 발로시키는 정서의 표출일 거라 본다. 조금은 현실과 거리감이 있다거나 시적 형상화에 이르지 못할지라도 이창환 시인의 삶을 보면 작품 속에서 그의 따듯한 내면을 느끼게 되고 가족애를 볼 수 있다.

희끗희끗 잔설은 아직도
응달에 졸고 있는데
봄 국에 밥 한술이면
입맛이 돌아오려나
가물가물 멀어져 가는
다디달았던 그 맛을
찾으려는 듯
숟가락 쥔 마른 손이

힘없이 밥상을 밀어내는
엄마
당신이 짜주신 털스웨터
가슴 여미고
봄 찾아 호미질
냉이를 캔다.

-「엄마의 봄」 전문

인용 시는 초봄이라 아직은 날씨가 차가운 들녘에서 엄마가 짜주신 털스웨터를 입고 식사를 제대로 하지 못했던 엄마를 생각하며, 봄의 진미인 냉잇국이라도 끓여드려서 엄마의 입맛을 돋우고자 하는 화자의 실천적 의지를 보여주고 있다. "숟가락 쥔 마른 손이/힘없이 밥상을 밀어내는/엄마" 들나물인 냉이를 통해 화자인 엄마를 연상하며 자아실천의 내면을 회고적으로 묘사하고 있다. '초봄의 농촌풍경'을 제시하고 있다는 점에서 이 시의 인식 대상은 객관적으로 존재하는 대상이며, 시상의 전개가 비교적 잘된 작품이다. 일차적 이미지는 시인의 경험적 현실을 언급한 이미지로 '잔설', '응달', '털스웨터', '호미질', '냉이'라는 어휘들로 이것은 실제로 시인이 직접 체험한 사실의 묘사인데, 이것은 대상의 반영으로 생긴 이미지로 볼 수 있다. 엄마에 대한 그리움의 마음(감정)을("당신이 짜주신 털스웨터/가슴 여미고”) 암시하여 이차적 이미지를 형성하고 있다.(“봄 찾아 호미질/냉이를 캔다”) 이러한 이차적 이미지를 통해 자신의 내적 마음을 내고 있다. 그것이 엄마에 대한 그리움이고 가족에 대한 지고지순한 사랑일 것이다.

요즘 흔히들 시가 너무 어려워서 도대체 무슨 말을 하는지 알 수 없다는 독자들의 반응을 생각하면 이창환 시인의 시가 과거에 대한 회상 적이지만 그의 시에 대한 발상은 시간여행을 통해서 어렵게 얻어지는 개인적 체험의 소재들이다. 평범한 일상에서 파생된 달콤하고 새콤한 시어들은 그의 글을 읽는 독자들이 마음과 심적 부담을 덜게 하기에 충분하다.

결국 시는 어려운 시어나 단어의 나열을 통해 얻어지는 어려운 이미지보다는 그것에 대한 감정적, 정서적 반응이 더욱 중요한 양식이라는 조심스러운 생각을 해본다.

나는 술래

무궁화 꽃이 피었습니다
들리지 않는 소리로

보이지 않는 색깔로
가을은 조금씩 다가왔습니다.

무궁화 꽃이 피었습니다
밤새워 지켜보지만 잡을 수도
볼 수도 없는 너는 도독 고양이
마음 뒤켠 오솔길 만들어 놓고
또 몰래 까치발로 뛰어왔나 봅니다
너를 붙잡을 수 없는 나는
영원한 술래

무궁화 꽃이 피고 지니
빛바랜 옷 한 벌 정갈하게
갈아입은 가을이 내 손을 잡네

저만치
눈 오는 겨울도 기다리는데

-「저무는 나는」 전문

위 시 제목에서 보듯이 「저무는 나는」 이란 이유의 제목을 붙였다. 흘러가는 세월을 찾는 "무궁화 꽃이 피었습니다/들리지 않는 소리로/보이지 않는 색깔로/가을은 조금씩 다가왔습니다."(1연) 여든 넘은 자신에 대한 회고적 묘사이며 "무궁화 꽃이 피었습니다./밤새워 지켜보지만 잡을 수도~/너를 붙잡을 수 없는 나는/영원한 술래 (2연)"일 수밖에 없는 현실적 공간을 무궁화 꽃을 통해 생명의 유한함을 직감하는 시인의 정신은 매우 외롭고 쓸쓸하다. "무궁화 꽃이 피고 지니/빛바랜 옷 한 벌 정갈하게/갈아입은 가을이 내 손을 잡네//저만치/눈 오는 겨울도 기다리는데" 화자의 일생이 젊음에서 현실로 이시移時 되는 화자의 길이 표출되고 있다. 여기서 무궁화 꽃은 세상의 풍파를 온몸으로 겪어야 했던 자연의 섭리를 상징하는 것으로, 술래이면서 화자인 나를 작품의 배면 속에서 밖으로 드러내 놓고 있다. 즉 나를 객관적으로 서경화하고 있음이다. 자신의 삶을 투영하고 인고의 세월 속에서 다양하게 변화하는 세상사를 자연의 질서를 통해 스스로 성찰의식을 보인다고 할 것이다.

아래의 작품에서도 저러한 자연에 대한 순환의 원리를 통해 자신에 대한 삶의 깊이를 내보이고 있다.

"달래 냉이 꽃다지/서둘러 내게로 봄 편지/띄웠나 보다/연분홍 진달래는/열두 폭 병풍이 모자라/온 천지에 지천이고/신천변 따라 늘어진 개나리는/한들한들 샛노랗게 춤을 춘다/물오리 떼 덩달아/봄을 물어 올리고/올려다본 하늘은 여든한 번째/나의 봄"(-여든한 번 나의 봄-

전문) 연 구분 없이 12행으로만 구성한 시다. 물론 여기에 사용된 시어는 거의 다른 작품에서도 생동하게 사용된 언어들이다.

어느 봄날 시인이 노년을 보내고 있는 한가한 동두천 신변천의 정경을 시화했는데 여든이 넘은 나이에도 불구하고 그가 노래하는 풍경은 동심의 가장 근원적인 희원을 노래하고 있다. 이렇듯 이창환 시인의 내면은 아직도 순진무구하다는 의미가 될 수 있음이다. 이는 그가 얼마나 자연과의 섭생에서 얻어지는 시적 생명을 명확하게 표출하여 개괄적 세계와 주관적 세계가 고조화 되어 있다 할 것이다.

이외에도 「신앙의 힘」「부부 이야기」「아버지와 장마」 등의 작품에서도 자신과 가족에 대한 이야기를 통해 오랜 세월 기도의 삶 속에서 신의 따사로운 손으로 어루만지듯 시를 통해 속된 우리의 가슴을 쓰다듬고 있다.

■ 그 숲에 가고 싶다

이창환 시인은 여든 즈음에 늦깎이로 등단한 용기가 있는 진정한 시인이다.

동두천 시민예술대학에서 시 창작 강의를 열정적으로 배우고 22년도에는 공식적으로 명성 있는 문예지의 신인상에 응모하여 당당하게 심사위원의 추천을 받아 한국 시단에 등단하는 영광을 안았다. 그리고 이번에 그동안 습작한 시들을 모아 첫 시집을 내는 것이다. 등단에 비해 물리적 시간을 보면 빠른 시집 출간이기도 하지만 바람처럼 흐르는 세월을 무시할 수 없는 그 만의 현실적 압박이 작용했을 것이라는 생각이다.

그는 충남 아산의 외가에서 태어나 자라다 서울로 올라왔으나, 육이오 전쟁이 일어나 전쟁을 피해 다시 아산의 외가로 내려갔다. 그래서인지 그의 고향에 대한 체험의 세계를 지금도 그리움의 손짓으로 시화하고 있다. 또한 그 그리움의 손짓은 불가능한 세계인데도 불구하고 시간과 공간의 조율과 함께 가능의 세계로 끌어 올린다. 이는 이창환 시인이 자기를 위한 시를 진실한 기도의 생활에서 성실한 자세로 창작해 왔기에 가능한 일이다.

당신 생각에 그리움 한입
베어 물었더니
먹물 주르륵 가슴에

쏟아집니다
잿빛 도화지에
용서의 글
올려 보지만
당신은 백조 되어
훠이훠이
창공에서 자유롭네요

–「잿빛 그리움」 전문

잔잔히 피어올라
마주 잡은 손
석양빛 물든 볼에
입맞춤하고
소중하게 감싸 안은
두 마음
아낌없이 타는 불꽃
노을이 아름답다

–「어떤 만남」 전문

잿빛(회색)은 원래 색상과 채도가 없는 무채색 계열이다. 또한 자연과 서로 대비되는 인공적으로 만들어진 사물의 상징으로 사용되고 있기도 하다. 이 시는 종교적 정신세계의 표출이며 자신의 용서를 담고 있는 신념과 신앙의 어두운 현실(잿빛)을 밝은 세계(백조)로 인도하는 시심이다.

「어떤 만남」의 시에도 신앙적 결기가 따듯하게 느껴짐을 알 수 있다. 화자의 현실과 대자연의 조화가 잘 형성되었음을 알 수 있다는 묘사를 하고 있다. "석양빛 물든 볼에/입맞춤하고(3행과 4행)" "두 마음/아낌없이 타는 불꽃/노을이 아름답다.(6~8행)"

일심一心으로 무엇인가를 갈구하는 이창환이 바라보는 창공에서 또는 노을에서 그가 진실한 크리스천이라는 것을 알 수 있다.

시란 무엇인가? 삶이란 어떤 것일까. 시를 접할 때마다 앞을 가로막는 질문이 아닐 수 없다. 시는 언어의 정서에 담겨 있는 아름다움을 한 차원 높여 그것을 읽는 사람으로 하여금 시적 경험을 통해 마음을 다스리며 자기감정을 해소하고, 타인의 마음까지도 치유하는 능력을 갖추고 있다 할 것이다. 이는 이창환의 신앙 의식과도 일맥상통으로 이어진다.

외갓집 오월 산엔
배고픈 추억이 서 있다
새콤달콤한 찔레순
떨떠름한 솔가리 향

입안 가득 봄을 먹던
아~
그 숲에 가고 싶다

–「외갓집」 전문

위 시는 7행으로 된 짧은 시다. 그렇다고 내면의 호흡이 짧다는 말은 아니다. 그만큼 살아온 세월의 여백이 숨쉬는 무한한 공간적 체험들이 용해되어 형상화된 시의 세계다. "외갓집 오월 산엔/배고픈 추억이 서 있다"는 내용과 "새콤달콤한 찔레순/떨떠름한 솔가리 향"에서 그 시절 현실을 체득하고 자연에 동화된 것이다. "입안 가득 봄을 먹던/아~//그 숲에 가고 싶다" 아직도 영원한 시공 속에 청신한 감각과 미각 그리고 시각은 이창환 시인의 청아한 성격에서 온 것이라 볼 수 있다. 그래서 아직도 그가 유년의 기억을 먹고 살았던 그곳, 미래를 꿈꾸며 자신만의 세상을 동경하며 지냈던 그 시절의 향수를 찾아 오늘도 여든 즈음의 시간을 끌고 그 숲에 가고 싶어 하는 것이다. "그 숲에 가고 싶다"는 이 시집의 제목이기도 하지만 그의 신앙적 방향의식을 말하고 있다고도 할 것이다.

빈 밭이 쓸쓸할까 봐
참새까지 아침저녁 이삭을 쪼고

앙상히 남은 들깨 다발 수북이 쌓인
겨울 텃밭
까치밥이 매달린 감나무 가지 끝에
소복소복 쌓이는 딩동댕 마을 소식
땅속 항아리엔 동치미
찡-익어가고

팥 시루떡 받쳐 들고 엉덩이 씰룩이며
정 나누러 동네 한 바퀴

-「우리 동네 풍경 2」 전문

그가 가고 싶은 숲은 또 있다. 인용 시에서 보듯 유년의 고향을 배경으로 하고 있다. 겨울을 아주 실감이 나게 이야기하고 있다. 마치 현재 시점에서 현장을 바라보는 공간을 통해 시적 진실의 세계로 몰입시키는 마력이 보인다. 참새까지 동원된 그날의 체험적 겨울 풍경은 "빈 밭" "참새" "앙상한 들깨 다발" "까치밥 감나무" "땅속 항아리의 동치미" 2연의 "팥 시루떡" "정 나누는 씰룩이는 엉덩이" 등의 표현에서 보듯이 순진무구함을 통해 유년기의 정서적 고향 이미지를 더욱 가깝게 느끼고자 한다.

자연 속에서 추억을 만들고 추억 속에서 삶을 건져 올리는 작업을 통해 자연의 이치를 깨닫고 이것을 통해 시로서 승화, 행동으로 돌입하여 섭생의 길을 닦고 있다. 또한 「우리 동네 풍경 1」과 「친구야」 「나 어릴 적에」 시에서도 같은 맥락으로 보는 것이 타당할 것이다.

이처럼 이창환은 자연과 고향의식에서 자신의 시적 자아(das lyrische)를 발견하려는 의도가 엿보이기도 한다.

■ 시인의 향수와 동경의 미학

시인은 자신의 시적 자아를 발견하고자 하는 자연과 유년 시절의 고향의식을 대부분 그의 시의 소재로 삼고 있다. 삶에서 체득한 가난하지만, 마냥 한가롭고 평화로운 고향 정경을 깊게 탐구하며 여든을 살아온 시인의 발자취는 시대를 밀어 올리는 내적 체험의 발로라고 할 수 있다.

땅거미 내려앉은
초가 들마루
옥수수 삶은 감자 소쿠리
한가득 삼대가 한자리
둘러앉았네

모깃불
마당 가득 피어오르고

손주 손녀 모기 물릴세라
밤늦도록 할머니 부채질에

맑은 산천
반딧불이 푸른 날갯짓하는
별 밤 이야기

–「별 밤」 전문

위 작품에서 보이듯이 세월이 흐를수록 누구나 고향에 대한 회귀의식이 강하게 나타나고 있음을 알 수 있다. 그래서 시인은 옛 추억을 기억하고 어릴 적 희망과 꿈을 키우며 자랐던 고향에 매혹되어 그것을 작품의 모티브로 삼아 문학적 소재를 만들어 내고 있다는 증거일 것이다. 삶을 살아가는 동안 어렵고 힘들 때일수록 고향의 향수를 떠올리며 힘과 용기를 얻고 마음의 정서를 순화할 수 있는 것은 고향은 언제나 선조의 따스한 가슴이 있기 때문일 것이며, 시대는 다르지만 "반딧불이 푸른 날갯짓하는/ 별 밤 이야기"가 아직도 시인의 감정에 전심傳心 되는 특성을 가졌다 할 것이다.

계단 앞에 서면 덜컥 겁이 난다
잡아 올린 대어처럼 팔딱이던 그 힘
다 어디 가고 맥없이 사그라졌다.

피난 시절 물지게 거뜬 지고 오른 언덕길
물항아리 가득 채워야 하루 일이 끝나던
초가 단칸집
물항아리가 귀했던 열댓 살 그 시절
아, 상상이나 했을까
지금 내 모습
오르막 어려움은 뒷전이고
내리막 아픔이 나를 머뭇거리게 한다

효심 깊은 아들 넌지시 손잡아 주며
엄마 제등에 업히세요.

–「세월」 전문

위 작품에서는 마음은 젊다고 하지만, 육체의 세월은 현실을 뛰어넘지 못함을 매우 안타까워하는 화자의 모습에서 시인의 귀향은 "피난 시절 물지게 거뜬 지고 오른 언덕길/물항아리 가득 채워야 하루 일이 끝나던" 시점에서 머물고 싶다는 의미를 발견할 수 있다. 세월의 그늘을 돌아보며 회상의 '대어처럼 팔딱이던 그 힘'을 연산해 보는 것만으로도 세월의 무게를 충분히 인식하고 있다. 작품 '별 밤'에서는 할머니가 등장하고 '세월'에서는 화자와 아들이 등장 시인의 귀향의식을 표출하고 있다.

그러면서 시인의 바램은 *"섬진강 강가에/벚꽃 환하게*

밤을 밝히면/재첩들 키 크는 소리/달빛으로 피어나고//재첩은 물 밖 세상/엿보는 재미에/얼굴을 내밀고/바뀐 세상은 어떤 모습일까/궁금해하는//내내 봄날이었음”(-「바램」 전문)처럼 벚꽃 피며 재첩들의 키 크는 소릴 들으며 과거와 현재의 바뀐 세상을 궁금해하고자 하는 그의 인생이 내내 봄날이기를 합리화한다. 이는 고고한 화자 내심의 울림 속에서 그 어떤 암시로 향수享受 하는 역할을 전달의 의미로 표출시키고 있다.

노을 지고 어둠이 내리면
모내기 끝낸 논에선 지금부터 시작이다
어느 녀석이 선창하면 뒤질세라
터지는 개구리울음 온 동네가 떠나가네
물 젖어 촉촉한 몸, 기분 좋아 개굴개굴
내가 힘센 돌이다, 짝꿍 찾는 세레나데
달빛 젖은 은빛 물결
밤 가는 줄 모르는 풀벌레 개구리들
별빛 음악회
뻐꾹 뻐꾹 뻐꾸기 장단에
무럭무럭 생명이 키를 키운다

-「별빛 음악회」 전문

가재 고동은
돌 틈에 숨어

낮잠이 달콤하고
송사리 떼 소꿉장난
맑은 산골 물

발을 담근다
옥빛 하늘 내려와 대숲에 숨고
푸른 잎 띄운 자리
물방개 빙그르르

-「한적한 여름」 전문

단테는 그의 고향 피렌체를 작품 「신곡」에서 "내가 태어나 자란 곳은 아름다운 아르르 강변의 큰 도시"라고 노래했듯이 이창환 시인 역시 자신의 고향을 노래하고 있는 고향의식이 짙게 깔린 작품이다. 시인의 과거 체험에 대한 현재의 재생적 상상력, 다시 말해 기억의 회상(recollection)에 머무는 그의 상상력은 전통적 모습이나 토속성으로 연결되고 있다.

그의 마음속에 잔잔히 흐르는 강물은 어릴 적 보았던 바로 고향의 이미지이다. 그곳은 한가로이 풀벌레 개구리들이 별빛 음악회를 열고(시-「별빛 음악회」, 친구들과 한적한 여름날 송사리 떼 쫓고 물장구치며(시-「한적한 여름」) 호연지기浩然之氣를 키우던 곳이다.

그는 이처럼 고향에 대해 즐겁고 행복한 기억 속에서 자아를 발견하고 재생적 상상력을 통해 시화詩化하고 있다.

■ 시인의 위로와 이별 연습

가을이 떨어져
길 위에 눕는다

떨어진 가을을 주워들고
긴 한숨으로 내 안에 물드는 석양

된서리 고운 잎은
갈피갈피 추억이 물들고

저만치 가을 가는 소리
겨울 오는 소리에
빨라지는 숨결

–「이별」 전문

위 작품에서 시인은 "저만치 가을 가는 소리/겨울 오는 소리에/빨라지는 숨결"을 화자의 내적 독백 형식으로 쓴 시이다. 자연의 순환으로 바뀌는 계절의 가고 옮을 인생의 공간으로 시간을 유배?, 생명의 유한함을 "빨라지는 숨결"로 암시하고 있다. *"겨울나무가 발가벗음은/꿈을 잃*

은 게 아니랍니다/눈 내리면 눈꽃 맞으며/하늘 소식 물어 보고/찬 바람 불어오면 그 바람/쓸어안고 먼 나라 이야기 꾼/그 옆에 앉혀놓고 눈물로/기쁨으로 사연들 넘쳐나면/나는 어느새 봄이 오는 꿈을/꾸고 있답니다" -「겨울나무」 전문에서 보듯이 화자는 결국 참다운 나의 존재를 묻는, 즉 봄이 오는 꿈을 꾸는 것으로 시인은 위로를 받는다.

얼음꽃 핀 가로등 아래
그리움 하나 떨고 있다
봄·여름·가을·겨울
하얀 이 자리
얼마나 추었니
얼마나 서러웠니
언 발 녹여줄
따뜻한 가슴 하나
네 손에 꼭 쥐여 줄게

-「위로」 전문

인생은 무상의 도에서 태어나 무상의 도에서 죽어 간다는 말이 있다. 그러나 생명이 다하는 날까지 자기애를 지키며 고고하고 따뜻하게 오롯한 삶을 살고자 하는 화자는 못내 아쉬움을 "얼음꽃 핀 가로등 아래/그리움 하나 떨고 있다"로 심적 갈등을 풀어내며 자신을 스스로 위로

하는 지혜가 돋보이는 작품이다. 위로의 작품 속 주인공은 화자 자신이다. 인생의 희로애락의 단면을 겪어온 시인은 자기가 자기를 위한 '그리움'에 투시하여 시적 자아를 변용시키고 있다.

마지막으로 가벼운 마음으로 다음 시를 감상해 보자.

나는 모른다. 모르면 어때
내가 지어서 부르면 되지!

산책길 살짝 비켜
아름드리나무 뒤로
내가 지어준 이름 몰라강
갈대숲 아랫동네
푸짐하게 차려놓은 물고기 밥상
오리 떼 스르르 먹이를 찾네
뉴저지
그리움 저무는
몰라강 금빛 물결

-「몰라강」 전문

인용 시는 미국 뉴저지에 있는 '몰라 강'을 여행하면서 늦가을 풍경을 보고 회고적으로 묘사하고 있다. 그 싱싱하고 푸르던 여름의 숲은 이제 떠나갈 준비를 위해서 자신의 모습을 바꾸고 있으며, 그 누구도 자연의 변화를 인위적으로 바꿀 수는 없기에 화자는 못내 아쉬움을 "그리움 저무는/몰라강 금빛 물결"로 나타내고 있다. 1연과 2연에서 이야기하고 있듯이 몰라강은 화자가 실질적으로 강의 이름을 몰라서 "나는 모른다. 모르면 어때/내가 지어서 부르면 되지!"라며 그는 대자연을 자기화하며 시화하는 데 성공했다 할 것이다.

반백의 머릿결을 쓸어 올리며
한 남자가 가을이 물드는
들녘을 바라보고 서 있다
남자는 세월 어디쯤 서 있을까

풋 호두 물속에 닦고
머루 다래 개암을 딴다며
산속으로 내닫던 까까머리 소년들
웃음소리 하늘에 퍼지고
사립문 밖 두엄더미 옆에선 눈물
쏙 빠지는 모깃불이 피어오르고
소 몰고 돌아오는 해 넘는 풍경 속에
들꽃 한 아름 안겨 주던
수줍던 첫사랑을 생각할까
그날의 고향 집 가을은

–「가을 속 한 남자」 전문

화자의 현재 삶이 자연과 동화된 상태 속에서 자연 속에 인간을 닮고 느끼는 세월의 인식에 대한 체험이 "반백의 머릿결을 쓸어 올리며/한 남자가 가을이 물드는/들녘을 바라보고 서 있다/남자는 세월 어디쯤 서 있을까"라는 가을 속 한 남자로 상징되고 있으며 그 남자의 시간은 봄, 여름, 가을을 지나 겨울로의 여행이 시작되는 것이다. "소 몰고 돌아오는 해 넘는 풍경 속에/들꽃 한 아름 안겨 주던/수줍던 첫사랑을 생각할까"라는 시공간적 자연의 순환 속에 시적 자아가 현재 서 있는 곳은 "그날의 고향 집 가을"(시-「가을 속 한 남자」 마지막 행) 이라는 저녁놀이 아름답게 물드는 시간 어디쯤일 것이다.

■ 나가면서

시의 정의를 살펴보면, 황무지를 쓴 영국의 작가 T·S 엘리엇은 "시의 역사는 오류의 역사"라고 했으며, 공자는 논어의 위정 편에서 '어느 정도 시를 알면 생각에 사악함이 없다'고 했고, 철학자 아리스토텔레스는 '언어에 의한 모방'이라고 했다. 이처럼 시에 대한 정의는 딱 잡아 이야기할 수 없는 것이다. 그렇기 때문에 그 정체는 무한다면

체無限多面體라 해야 할 것이다.

오늘날 우리가 사는 삶의 현장에서 시의 특질은 심오하게 변하고, 변모하기 때문에 시에 대한 정의는 쉽게 내리기가 어렵다고 볼 수 있다. 시란 이론을 떠나 현실적으로 마음을 움직이게 하는 감동과 서정의 울림이 있을 때 작가나, 독자에게 비로소 그 시의 위력이 발휘하는 것만은 누구도 긍정하지 않을 수 없기 때문이다. 그런 측면에서 이창환의 시는 인생과 생활과 현실을 달관한 철학적 생각으로 향수享受 하는 역할을 전달의 의미로 표출시키고 있다고 본다.

'그 숲에 가고 싶다'라는 제재처럼 시인의 그리움과 유년의 노정露呈, 그 유년의 신비감을 영원의 귀향으로 부르고 있는 이창환 시인의 시심에 깊은 찬사를 보낸다.